José Ricardo Zonta

Santa Maria Goretti

História e novena

Editora responsável: Andréia Schweitzer
Equipe editorial

1ª edição – 2016
1ª reimpressão – 2021

Nenhuma parte desta obra poderá ser reproduzida ou transmitida por qualquer forma e/ou quaisquer meios (eletrônico ou mecânico, incluindo fotocópia e gravação) ou arquivada em qualquer sistema ou banco de dados sem permissão escrita da Editora. Direitos reservados.

Paulinas

Rua Dona Inácia Uchoa, 62
04110-020 – São Paulo – SP (Brasil)
Tel.: (11) 2125-3500
http://www.paulinas.com.br – editora@paulinas.com.br
Telemarketing e SAC: 0800-7010081

© Pia Sociedade Filhas de São Paulo – São Paulo, 2016

História de Santa Maria Goretti

Santa Maria Goretti nasceu em Corinaldo em 16 de outubro de 1890, às 13h, terceira filha de Luigi Goretti e Assunta Carlini, camponeses que viviam como meeiros. Foi batizada em 17 de outubro de 1890.

Por motivo de subsistência, a família foi constrangida a emigrar para um lugar chamado Colle Gianturco, próximo a Paliano (FR), não muito longe de Nettuno. Em seguida, emigrou para Le Ferriere di Conca, localidade no interior da cidade de Nettuno. Tais emigrações revelam o amor e o zelo dos pais, que estavam sempre em busca de melhores condições para a família que crescia e se tornava numerosa.

A família era pobre, mas profundamente religiosa, e, segundo o costume vigente naquele tempo, os pais fizeram com que

Marieta – como era afetuosamente chamada – recebesse a Crisma com apenas seis anos de idade.

Aos dez anos, Maria foi privada do afeto paterno. O pai morreu de malária ao trabalhar num terreno pantanoso e que requeria muita faina. Durante o período em que o pai se encontrou enfermo, Maria cuidou dele como se fosse uma adulta.

Morto o pai, a mãe assumiu o peso do trabalho no campo, confiando a Maria todos os cuidados domésticos. Iniciava-se, assim, o calvário da "criança de Deus", que a conduziria até o martírio.

Marieta manifestava um caráter bom, doce e humilde, e revelou uma maturidade precoce diante das necessidades e da mudança de vida devido à morte do pai. Além de fazer todos os trabalhos domésticos, cuidava dos quatro irmãos menores como uma pequena mãe (ela teve outros dois irmãos que faleceram). Não se esquecia da educação dos irmãos, reprovava-os quando faziam molecagem, ensinava-lhes boas maneiras, as principais orações da Igreja e algumas verdades de fé que já havia assimilado. Todas as noites a família Goretti recitava o rosário antes de dormir.

Mais de uma vez ela viu sua mãe aflita, sem um centavo no bolso e sem uma fatia de pão para colocar na mesa. Chorando, a mãe se lamentava pela falta do marido. Nessas ocasiões, com o coração apertado, Marieta a abraçava e beijava, esforçando-se para não chorar também, e dizia: "Coragem, mamãe! Coragem! Daqui a pouco seremos grandes, cresceremos depressa... do que a senhora tem medo? Passaremos nós a ganhar o sustento! Nós iremos ajudá-la e nos manteremos! Deus nos ajudará!". Isso é apenas uma amostra de sua alma angélica e forte.

Sua mãe, após a morte da filha, continuava a dar testemunho de sua virtude:

"Sempre, sempre, sempre obediente a minha filhinha! Não me deu jamais um pequeno desprazer! Também não demonstrou nunca rebeldia quando recebia qualquer pequena correção, jamais precisou se desculpar, e sempre se manteve calma, respeitosa, sem nunca fazer uma careta".

Com praticamente onze anos, Maria Goretti recebeu a Primeira Eucaristia, quase um ano antes de ser assassinada. Não foi fácil a sua preparação para receber o sacramento. De início, a mãe ficou preocupada, pois Maria não sabia ler e a família não possuía dinheiro para comprar o vestido e os outros objetos necessários para a festa da Eucaristia. Mas Maria foi insistente, disse que não conseguia ir à igreja sem poder comungar. Entrou numa turma de catequese e deu grande exemplo de empenho ao aprender a doutrina e demonstrar interesse pela oração. Ao final do período de catequese, a mãe levou Maria para fazer um teste com um padre passionista, para saber se ela estava mesmo preparada. O padre felicitou a mãe e afirmou que Maria Goretti poderia receber a Eucaristia, pois sabia muito bem o significado do mistério do qual iria participar.

Antes de receberem o sacramento, as crianças fizeram, então, um retiro com um padre passionista. Ele falou sobre a Paixão de Jesus e a Eucaristia. Em certo momento afirmou que o pecado crucifica Jesus. Maria ficou impressionada com tal frase. Chegando em casa, disse que evitaria de todas as formas o pecado, pois jamais gostaria de causar um mal a Jesus. Ao comungar, Maria se propunha a ser, cada dia, ainda melhor. E, de fato, foi assim até atingir a "estatura de Cristo", no amor.

Os frutos da Primeira Eucaristia foram muitos, mas um ficou marcado na memória de sua mãe. Um dia, Maria voltava da Igreja e ouviu duas crianças falando palavras sujas e desrespeitosas. Ela passou adiante, correu até a casa, contou o fato para a mãe e disse: "Deus me livre, mamãe, de dizer tais palavras, antes morrer do que pecar!".

Essa criança de Deus, participante do mistério de Cristo até o martírio, revelou-se, na sua meninice, uma convicta discípula de Cristo. Ela nos mostra que se encontrar com Jesus é segui-lo com convicção e coragem; é abandonar-se à vontade de Deus. Felizes os que são perseguidos e mortos dando testemunho da verdade e da liberdade, pois grande é a sua alegria no Reino dos Céus.

Na tarde de 5 de julho de 1902, com onze anos (faltando poucos meses para fazer doze), Maria foi mortalmente golpeada por um violento rapaz de dezenove anos que habitava próximo a sua casa e procurava de todas as formas levá-la ao pecado, não se importando com a vontade dela.

Esse rapaz se chamava Alessandro Serenelli, filho de Giovanni Serenelli, que era sócio da fazenda onde a família Goretti trabalhava como meeira.

Giovanni era viúvo, viciado em bebida, e não deu nenhuma formação religiosa ao filho. Alessandro era de personalidade introspectiva, não frequentava a igreja e raramente participava da reza do terço na casa da família Goretti.

Maria foi golpeada com catorze punhaladas porque quis defender a sua pureza virginal. Ao jovem Alessandro, que, tomado por uma cegueira moral, a atacou com violência, movido por um desejo desenfreado, ela disse: "É pecado. Deus não quer tal coisa. Alessandro, se o fizer, vai para o inferno". Por duas vezes Alessandro já havia tentado violentar Maria, ameaçando-a de morte, bem como de fazer alguma maldade contra a mãe dela. Todavia, Maria nada disse à mãe, pois não queria que ela tivesse mais preocupações. No entanto, pedia à mãe para não deixá-la sozinha em casa.

Ferida, Maria foi transferida para o hospital de Nettuno, onde foi feito tudo o que estava ao alcance para salvá-la. Realizaram uma cirurgia que durou duas horas! A tentativa de salvá-la foi em vão, pois haviam sido perfurados o pericárdio, o coração, o pulmão esquerdo, o diafragma e o intestino. Os médicos não compreendiam como ela ainda vivia.

Retornando da sala de cirurgia, sua mãe se mostrava preocupada em tranquilizá-la, mas ela lhe dizia que estava bem e perguntava pelos irmãos. A desidratação causada pela perda de sangue fazia com que Maria sofresse terrivelmente, e a gravidade das feridas a impedia de beber água. Nessa situação, ela perguntou para a mãe: "Mas por que não posso beber nenhuma gota de água?". Em seguida, virou o rosto e logo contemplou um crucifixo presente no quarto. Recordar a sede sofrida por Jesus no alto da cruz tranquilizou-a e lhe deu consolação. Então, passou a invocar, repetidas vezes, o nome de Maria, a Virgem das Dores.

No dia seguinte, bem cedo, o padre de Nettuno, Monsenhor Signori, levou o santo viático (a Eucaristia oferecida àqueles que estão para morrer) a Marieta, a fim de confortá-la e fortalecê-la. Após lhe dar a Eucaristia, ele perguntou se ela sabia a quem tinha recebido, ao que ela respondeu: "Sim, é o mesmo Jesus que daqui a pouco verei face a face".

O sacerdote lhe recordou que nosso Senhor havia perdoado a todos no alto da cruz e prometeu ao bom ladrão que, naquele mesmo dia, estaria com ele no paraíso. Então, perguntou-lhe se perdoava o seu assassino. Ela respondeu: "Sim, por amor de Jesus, eu o perdoo. E quero que ele esteja comigo no paraíso! Lá do céu rogarei pelo seu arrependimento!". Foi com esse espírito que ela recebeu a Eucaristia pela última vez. Algumas horas depois, entrou no delírio da morte. Depois de 24 horas de inaudito sofrimento, ela se despediu deste mundo às 15h do dia 6 de julho de 1902.

Assistido por padres, alguns da Congregação Passionista, Alessandro se converteu. Concluídos os 27 anos de prisão, foi libertado e se dirigiu a Corinaldo, onde habitava a mãe de Maria Goretti, para pedir-lhe perdão. Imitando a atitude da filha, a mãe o perdoou e estiveram lado a lado na missa de Natal. Depois, o assassino arrependido se fez terciário franciscano e terminou os seus dias, já ancião, como servente e jardineiro em um convento capuchinho.

Em 1935, foi dado início ao procedimento canônico a fim de proclamar Maria

Goretti santa. O Papa Pio XII proclamou-a bem-aventurada em 27 de abril de 1947 e, no dia 24 de junho de 1950, ela foi declarada santa na Praça de São Pedro, cidade do Vaticano, na presença de 500 mil fiéis. Maria Goretti é conhecida como a Santa Inês do século XX.

Passaste depressa, marcando o nosso viver

"O homem é semelhante a um sopro,
seus dias, qual sombra que passa."
(Sl 144[143],4)

A vida é um sopro que passa.
A vida passa,
o sopro passa,
mas o sopro é Espírito e vida.
Nesse sentido, passa e permanece
ao se eternizar.

A sombra que passa deixa marcas.
Não nos esqueçamos da nuvem que cobriu
o Povo de Deus no deserto
durante o dia (Ex 13,21)
nem da sombra que revestiu Maria
com o poder do Altíssimo (Lc 1,35,b).

A sombra projetada por alguns
não é apenas um fenômeno físico-corpóreo;
é um sinal de que Deus passou
por ali e deixou marcas.

Como Espírito e vida,
o sopro e a sombra passam,
mas não sem cumprir a sua missão,
não sem tocar a terra, sem deixar sinais,
para só depois voltarem para onde saíram,
ocultando-se da visão,
mas registrando-se na história.

O sopro, por mais intenso que seja,
não tem a violência da tempestade
nem a intensidade de um furacão.
O sopro não arrasa, ele abrasa.

Sopro acende fogueira, faz brasa,
muda de formato e sobe ao céu
como incenso, até chegar
àquele que a tudo dá forma.

O sopro é Deus e somos nós.
Como Deus, o sopro é eterno,
num mover-se de expirar e de proceder.
Como pessoa humana, o sopro se eterniza
num mover-se que é alegre, infinito,
inquieto, esperançoso e angustiante.

Ser sopro é ter a alegria da leveza,
a sensação de poder voar e tocar o céu.

Ser sopro é tender ao infinito
e prová-lo em cada experiência humana.

Ser sopro é viver o infinito, a alegria,
a inquietude, a angústia de crer
e de esperar;
de sentir que você é você,
mas não se pertence por inteiro;
que é você só na condição de potência,
pois nenhum ser humano será acabado
enquanto não chegar ao seu fim;

e mesmo no fim será somente na contemplação
do Outro que o faz ser em eterno.

Ser sopro é reconhecer que só no eterno
o nosso mover-se contemplativo terá
repouso.

Ó mistério insondável de viver!
Ó vida insondável no falecer!
Ó experiência única de morrer!
Ó sopro de não morrer!
Ó fonético sopro de amar!
Ó palavra a se eternizar!
Ó existência humana que se dá
ao receber!
Ó beleza de criança que soube só a
Deus amar!
Maria Goretti, passaste depressa
qual sopro e sombra,
marcando o mundo e o nosso coração!

Novena em honra de Santa Maria Goretti

Esquema da novena

Realizar a novena, durante as celebrações, após o Evangelho ou logo depois da homilia. Todos os dias, as pessoas deverão ser convidadas a trazer uma vela ornamentada com duas fitas, nas cores vermelha e branca (martírio e pureza). Iniciar com uma estrofe e o refrão do hino de Maria Goretti. Enquanto se canta a estrofe e o refrão, todos devem acender suas velas no Círio Pascal, que será colocado ao lado da imagem da Santa. Fora das celebrações, a novena pode ser realizada conforme o costume de cada fiel.

PRIMEIRO DIA

Nasce uma criança de Deus

Invocação inicial

(Enquanto o hino é cantado, acender as velas.)
Salve, ó gloriosa mártir!

Salve, ó gloriosa mártir,
do céu virgínea flor,
que em sangue consagraste
a vida ao teu Senhor.

*Salve, Maria Goretti,
anjo de puro amor,
intemerata, invicta
ante o tormento e a dor.
Por nós, gentil patrona,
implora ao Salvador.*

Força buscaste indômita
na santa Eucaristia
e a formosura mística
no afeto a Maria.

Vem proteger a infância
e a ardente mocidade
nas almas desvelando
à flor da castidade.

Presidente: (*com a vela, traçar uma cruz diante da boca*) Purificai os meus lábios, ó Senhor!
Todos: Para que eu celebre a vossa bondade e reconheça a vossa santidade.

Presidente: (*com a vela, traçar uma cruz diante do coração*) Abri meu coração, ó Senhor!
Todos: Para que eu compreenda que onde está o meu tesouro, ali está também o meu coração.

Presidente: (*com a vela, traçar uma cruz nas mãos*) Abençoai as minhas mãos, ó Senhor!
Todos: Para que sejam construtoras da paz e não colaborem com a violência deste mundo!

Presidente: (*erguendo as velas*) Ó Deus, vinde em nosso auxílio!
Todos: Senhor, vinde depressa e socorrei-nos! Dai-nos a pureza de coração e a coragem para testemunhar a nossa fé! Que estejamos amarrados à vossa Paixão, para que não seja maculado o nosso batismo e tenhamos em nosso ser o sangue da vossa Divina Misericórdia!

Palavra de Deus

Animador: *Leitura de Ex 2,1-10:* "Um homem da casa de Levi tinha tomado por mulher uma filha de Levi, que em breve ficou grávida e deu à luz um filho. Vendo que era formoso, escondeu-o durante três meses. Mas, não podendo mantê-lo oculto por mais tempo, tomou uma cesta de junco, untou-a de betume e pez, pôs dentro o menino e a colocou na beira do rio, no meio dos caniços. A irmã do menino se colocara a alguma distância para ver o que lhe havia de acontecer. Ora, a filha do faraó desceu ao rio para banhar-se. Ela viu a cesta no meio dos juncos e mandou uma de suas criadas buscá-la. Abriu-a e viu dentro o menino, que chorava. E compadeceu-se: "É um filho dos hebreus", disse ela. Veio, então, a irmã do menino e disse à filha do faraó: "Queres que vá procurar entre as mulheres dos hebreus uma ama de leite para amamentar o menino?". "Sim", disse a filha do faraó. E a moça correu a buscar a mãe do menino. A mulher tomou o menino e o amamentou. Quando o menino cresceu, ela o conduziu à filha do faraó, que o adotou como seu filho e deu-lhe o nome de Moisés, "porque, disse ela, eu o salvei das águas".

Atualizando a Palavra

Presidente: É interessante percebermos como a Sagrada Escritura valoriza as crianças e coloca em alguns meninos e meninas a esperança de Israel, a esperança do Povo de Deus. Ah, se nós soubéssemos valorizar cada criança que nasce e cresce nas nossas comunidades...; se soubéssemos ver em cada menino e menina que nasce um dom de Deus, uma promessa para o nosso mundo marcado pela violência...; se aprendêssemos a criar os filhos com amor para que eles crescessem como Maria Goretti, atentos à Palavra de Deus e aos valores da vida... Que esta novena nos ajude a olhar cada criança como uma promessa para o nosso mundo, como uma pedra preciosa que devemos lapidar através do carinho, da compreensão e da formação cultural e religiosa, para que resplandeçam em cada nova criatura que nasce os valores que transformarão a nossa vida em sociedade. Toda criança é de Deus, não nos esqueçamos disso. Ele, um dia, nos perguntará pelo que fizemos com os seus filhos, com os filhos da promessa.

Preces litânicas

Leitor: Para que saibamos ver em cada criança que nasce um filho de Deus.
Todos: Intercede por nós, Maria Goretti!

Leitor: Para que eduquemos nossas crianças com amor, dando-lhes limites, dentro dos preceitos da fé.
Todos: Intercede por nós, Maria Goretti!

Leitor: Para que aprendamos a conduzir nossos filhos à luz da Palavra que salva.
Todos: Intercede por nós, Maria Goretti!

Leitor: Para que trabalhemos em prol de uma formação humana de qualidade.
Todos: Intercede por nós, Maria Goretti!

Leitor: Para que valorizemos todas as pastorais e movimentos que ajudam as crianças de Deus.
Todos: Intercede por nós, Maria Goretti!

Ave-Maria, Glória

Oração final

(Escrita pelo Papa João Paulo II)

Criança de Deus,
tu que conheceste muito cedo
a dureza e a fadiga,
a dor e as breves alegrias da vida;

tu que foste pobre e órfã,
que amaste o próximo sem cansar-te,

fazendo-te serva humilde e atenciosa;
tu que foste boa sem vangloriar-te,
que amaste o Amor
acima de todas as coisas;
tu que verteste o teu sangue
para não trair o Senhor,
que perdoaste o teu assassino,
desejando para ele o paraíso;

intercede e roga por nós
junto ao Pai a fim de que digamos *sim*
ao desígnio de Deus sobre nós.

Tu que és amiga de Deus
e o vês face a face,
obtende dele a graça que te pedimos...

Nós te agradecemos, Marieta,
o amor para com Deus e os irmãos
que já semeaste no nosso coração.
Amém!

Presidente: Santa Maria Goretti, virgem e mártir!
Todos: Roga por nós!

SEGUNDO DIA

Maria cresce numa família de emigrantes camponeses

Invocação inicial

(*Enquanto o hino é cantado, acender as velas.*)
Salve, ó gloriosa mártir!

Salve, ó gloriosa mártir,
do céu virgínea flor,
que em sangue consagraste
a vida ao teu Senhor.

Salve, Maria Goretti,
anjo de puro amor,
intemerata, invicta
ante o tormento e a dor.
Por nós, gentil patrona,
implora ao Salvador.

Força buscaste indômita
na santa Eucaristia
e a formosura mística
no afeto a Maria.

Vem proteger a infância
e a ardente mocidade
nas almas desvelando
à flor da castidade.

Presidente: (*com a vela, traçar uma cruz diante da boca*) Purificai os meus lábios, ó Senhor!
Todos: Para que eu celebre a vossa bondade e reconheça a vossa santidade.

Presidente: (*com a vela, traçar uma cruz diante do coração*) Abri meu coração, ó Senhor!
Todos: Para que eu compreenda que onde está o meu tesouro, ali está também o meu coração.

Presidente: *(com a vela, traçar uma cruz nas mãos)* Abençoai as minhas mãos, ó Senhor!
Todos: Para que sejam construtoras da paz e não colaborem com a violência deste mundo!

Presidente: *(erguendo as velas)* Ó Deus, vinde em nosso auxílio!
Todos: Senhor, vinde depressa e socorrei-nos! Dai-nos a pureza de coração e a coragem para testemunhar a nossa fé! Que estejamos amarrados à vossa Paixão, para que não seja maculado o nosso batismo e tenhamos em nosso ser o sangue da vossa Divina Misericórdia!

Palavra de Deus

Animador(a): *Leitura do Sl 126(125), 5-6:* "Os que semeiam entre lágrimas recolherão com alegria. Na ida, caminham chorando os que levam a semente a espalhar. Na volta, virão com alegria, quando trouxerem os seus feixes".

Atualizando a Palavra

Presidente: A realidade de Israel foi sempre uma realidade agrária. A maioria do povo vivia do campo, num estilo de vida ordenado e cíclico. As pessoas controlavam o tempo, eram senhoras de suas vidas, ao mesmo tempo que se experimentavam nas mãos de Deus. Maria Goretti viveu ainda nessa pespectiva. Sua família foi campesina e emigrou duas vezes em busca de melhores condições. Trabalharam a terra suando e esperando que a semente brotasse. Hoje, nós vivemos num mundo desenfreado, acelerado, onde trabalhamos sem parar e não sabemos para onde vamos. Terminamos o dia insatisfeitos, inquietos, e precisamos tomar remédio para dormir. Quanta vaidade existe em nosso mundo! Até quando caminharemos assim? Que o Senhor abençoe todas as pessoas que trabalham no campo e nos ensinam que a vida possui uma cadência, um embalo, um ritmo que deve ser respeitado. Que aprendamos com o homem e a mulher do campo a cultivar a vida com paciência, alto domínio e esperança. Semeemos com alegria sem perder a perspectiva de que "um é o que planta, outro é o que colhe e outro o que faz crescer". Quem lança as sementes o faz com lágrimas, com muito suor. Plantar para o bem da família é lançar-se com as sementes, doando-se pelo trabalho para que o outro tenha mais vida. Que Maria Goretti interceda por todos os que trabalham no campo e oferecem os alimentos que nutrem a nossa vida no dia a dia. Que ela, que foi migrante, peça por todas as pessoas que são obrigadas a sair de suas terras para procurar melhores condições de vida.

Preces litânicas

Leitor(a): Para que saibamos valorizar o trabalho das pessoas do campo.
Todos: Intercede por nós, Maria Goretti!

Leitor(a): Para que aprendamos com o homem e a mulher do campo a lançar com lágrimas nossas sementes, a fim de colhermos com alegria os frutos do nosso trabalho.
Todos: Intercede por nós, Maria Goretti!

Leitor(a): Para que confiemos na graça de Deus, que faz nascer a semente.
Todos: Intercede por nós, Maria Goretti!

Leitor(a): Para que o homem e a mulher do campo sejam valorizados por nossos governantes.
Todos: Intercede por nós, Maria Goretti!

Leitor(a): Para que tenhamos misericórdia de todas as famílias que migram em busca de dias melhores.
Todos: Intercede por nós, Maria Goretti!

Ave-Maria, Glória.

Oração final

(Escrita pelo Papa João Paulo II)

Criança de Deus,
tu que conheceste muito cedo
a dureza e a fadiga,
a dor e as breves alegrias da vida;

tu que foste pobre e órfã,
que amaste o próximo sem cansar-te,
fazendo-te serva humilde e atenciosa;
tu que foste boa sem vangloriar-te,
que amaste o Amor
acima de todas as coisas;

tu que verteste o teu sangue
para não trair o Senhor,
que perdoaste o teu assassino,
desejando para ele o paraíso;

intercede e roga por nós
junto ao Pai a fim de que digamos *sim*
ao desígnio de Deus sobre nós.

Tu que és amiga de Deus
e o vês face a face,
obtende dele a graça que te pedimos...

Nós te agradecemos, Marieta,
o amor para com Deus e os irmãos
que já semeaste no nosso coração.
Amém!

Presidente: Santa Maria Goretti, virgem e mártir!
Todos: Roga por nós!

TERCEIRO DIA

Sua escola foi a religião e o sofrimento

Invocação inicial

(*Enquanto o hino é cantado, acender as velas.*)
Salve, ó gloriosa mártir!

Salve, ó gloriosa mártir,
do céu virgínea flor,
que em sangue consagraste
a vida ao teu Senhor.

Salve, Maria Goretti,
anjo de puro amor,
intemerata, invicta
ante o tormento e a dor.
Por nós, gentil patrona,
implora ao Salvador.

Força buscaste indômita
na santa Eucaristia
e a formosura mística
no afeto a Maria.

Vem proteger a infância
e a ardente mocidade
nas almas desvelando
à flor da castidade.

Presidente: (*com a vela, traçar uma cruz diante da boca*) Purificai os meus lábios, ó Senhor!
Todos: Para que eu celebre a vossa bondade e reconheça a vossa santidade.

Presidente: (*com a vela, traçar uma cruz diante do coração*) Abri meu coração, ó Senhor!
Todos: Para que eu compreenda que onde está o meu tesouro, ali está também o meu coração.

Presidente: (*com a vela, traçar uma cruz nas mãos*) Abençoai as minhas mãos, ó Senhor!
Todos: Para que sejam construtoras da paz e não colaborem com a violência deste mundo!

Presidente: (*erguendo as velas*) Ó Deus, vinde em nosso auxílio!
Todos: Senhor, vinde depressa e socorrei-nos! Dai-nos a pureza de coração e a coragem para testemunhar a nossa fé! Que estejamos amarrados à vossa Paixão, para que não seja maculado o nosso batismo e tenhamos em nosso ser o sangue da vossa Divina Misericórdia!

Palavra de Deus

Animador(a): *Leitura de 1Pd 3,8-10a.11-17:* "Finalmente, tende todos um só coração e uma só alma, sentimentos de amor fraterno, de misericórdia, de humildade.

Não pagueis mal com mal nem injúria com injúria. Ao contrário, abençoai, pois para isto fostes chamados, para que sejais herdeiros da bênção. Com efeito, quem quiser amar a vida e ver dias felizes, aparte-se do mal e faça o bem, busque a paz e siga-a. Se fordes zelosos do bem, quem vos poderá fazer mal? E até sereis felizes se padecerdes alguma coisa por causa da justiça! Portanto, não temais as suas ameaças e não vos turbeis. Antes, em vossos corações santificai Cristo, o Senhor. Estai sempre prontos a responder para vossa defesa a todo aquele que vos pedir a razão de vossa esperança, mas fazei-o com suavidade e respeito. Tende uma consciência reta a fim de que, mesmo naquilo em que dizem mal de vós, sejam confundidos os que desacreditam o vosso santo procedimento em Cristo. Aliás, é melhor padecer, se Deus assim o quiser, por fazer o bem do que por fazer o mal".

Atualizando a Palavra

Presidente: Maria Goretti nunca foi à escola. Sua sabedoria chegou não por meio dos livros, mas pela formação religiosa que recebeu. Cresceu numa comunidade de fé, numa família onde reinava o respeito e o amor, sendo moldada por valores cristãos e pela oração. Desde pequena teve de exercer funções que não condiziam com a sua idade. Ao perder o pai, com apenas dez anos, ela teve de assumir as funções do lar e o cuidado dos irmãos para que a mãe pudesse trabalhar no campo. Sua mãe testemunhou, muitas vezes, que Maria só lhe deu alegria, nunca lhe desobedeceu. Maria amadureceu diante do sofrimento da vida. De fato, o sofrimento é uma escola onde se aprende o serviço, o valor das coisas e a provisoriedade da existência. O sofrimento nos concede um modo mais misericordioso para olhar o outro, o mundo e a nós mesmos. Sem o sofrimento dificilmente aprenderíamos determinadas verdades. A religião e o sofrimento foram as duas mestras de Maria Goretti, as quais a fizeram amadurecer como pessoa e na fé. A falta de vivência religiosa junto a uma comunidade autenticamente cristã está deixando nossas crianças e jovens desorientados. Uma educação familiar que não pede empenho e responsabilidade está fazendo com que nossas crianças e jovens cresçam imaturos, rebeldes, preguiçosos e inconsequentes. Quem vive na escola da religião e da responsabilidade – que pede sacrifícios –, aprende, qual Maria Goretti, que "é melhor sofrer fazendo o bem que sofrer fazendo o mal". É desse tipo de cidadãos que o nosso mundo precisa: gente do bem, que sabe imolar a vida pelo outro, que se pauta por valores cristãos.

Preces litânicas

Leitor(a): Para que entremos na escola de Jesus como discípulos e missionários.
Todos: Intercede por nós, Maria Goretti!

Leitor(a): Para que aprendamos que a escola nos dá informações e conhecimentos vários, mas só a religião e o sacrifício em favor do outro é que nos dão sabedoria.
Todos: Intercede por nós, Maria Goretti!

Leitor(a): Para que saibamos educar nossos filhos na fé, com muito amor, responsabilidade e limites.
Todos: Intercede por nós, Maria Goretti!

Leitor(a): Para que façamos todo tipo de sacrifício em favor de nossas famílias.
Todos: Intercede por nós, Maria Goretti!

Leitor(a): Para que nossas famílias vivam na unidade.
Todos: Intercede por nós, Maria Goretti!

Leitor(a): Para que saibamos dar razões da nossa fé, não tanto com palavras, mas com a suavidade e a persuasão dos valores cristãos.
Todos: Intercede por nós, Maria Goretti!

Ave-Maria, Glória.

Oração final

(Escrita pelo Papa João Paulo II)

Criança de Deus,
tu que conheceste muito cedo
a dureza e a fadiga,
a dor e as breves alegrias da vida;

tu que foste pobre e órfã,
que amaste o próximo sem cansar-te,
fazendo-te serva humilde e atenciosa;
tu que foste boa sem vangloriar-te,
que amaste o Amor
acima de todas as coisas;

tu que verteste o teu sangue
para não trair o Senhor,
que perdoaste o teu assassino,
desejando para ele o paraíso;

intercede e roga por nós
junto ao Pai a fim de que digamos *sim*
ao desígnio de Deus sobre nós.

Tu que és amiga de Deus
e o vês face a face,
obtende dele a graça que te pedimos...

Te agradecemos, Marieta,
o amor para com Deus e os irmãos
que já semeaste no nosso coração.
Amém!

Presidente: Santa Maria Goretti, virgem e mártir!
Todos: Roga por nós!

QUARTO DIA

Amadurece na fé quem ama servindo

Invocação inicial

(*Enquanto o hino é cantado, acender as velas.*)
Salve, ó gloriosa mártir!

Salve, ó gloriosa mártir,
do céu virgínea flor,
que em sangue consagraste
a vida ao teu Senhor.

Salve, Maria Goretti,
anjo de puro amor,
intemerata, invicta
ante o tormento e a dor.
Por nós, gentil patrona,
implora ao Salvador.

Força buscaste indômita
na santa Eucaristia
e a formosura mística
no afeto a Maria.

Vem proteger a infância
e a ardente mocidade
nas almas desvelando
à flor da castidade.

Presidente: (*com a vela, traçar uma cruz diante da boca*) Purificai os meus lábios, ó Senhor!
Todos: Para que eu celebre a vossa bondade e reconheça a vossa santidade.

Presidente: (*com a vela, traçar uma cruz diante do coração*) Abri meu coração, ó Senhor!
Todos: Para que eu compreenda que onde está o meu tesouro, ali está também o meu coração.

Presidente: *(com a vela, traçar uma cruz nas mãos)* Abençoai as minhas mãos, ó Senhor!
Todos: Para que sejam construtoras da paz e não colaborem com a violência deste mundo!

Presidente: *(erguendo as velas)* Ó Deus, vinde em nosso auxílio!
Todos: Senhor, vinde depressa e socorrei-nos! Dai-nos a pureza de coração e a coragem para testemunhar a nossa fé! Que estejamos amarrados à vossa Paixão, para que não seja maculado o nosso batismo e tenhamos em nosso ser o sangue da vossa Divina Misericórdia!

Palavra de Deus

Animador(a): *Leitura de (Ef 4,1-2.11-15):* "Exorto-vos, pois, prisioneiro que sou pela causa do Senhor, que leveis uma vida digna da vocação para a qual fostes chamados, com toda a humildade e amabilidade, com grandeza de alma, suportando-vos mutuamente com caridade. A uns ele constituiu apóstolos; a outros, profetas; a outros, evangelistas, pastores, doutores, para o aperfeiçoamento dos cristãos, para o desempenho da tarefa que visa à construção do corpo de Cristo, até que todos tenhamos chegado à unidade da fé e do conhecimento do Filho de Deus, até atingirmos o estado de homem feito, a estatura da maturidade de Cristo. Para que não continuemos crianças ao sabor das ondas, agitados por qualquer sopro de doutrina, ao capricho da malignidade dos homens e de seus artifícios enganadores. Mas, pela prática sincera da caridade, cresçamos, em todos os sentidos, naquele que é a cabeça, Cristo.

Atualizando a Palavra

Presidente: O livro da Sabedoria nos mostra que o sábio é aquele que consegue edificar a própria vida. O amadurecimento humano é um processo onde se aprende a construir a existência sobre as bases do amor e do serviço, assim como Jesus nos ensinou. A pessoa verdadeiramente humana é aquela que constrói o seu viver numa relação de fraternidade e de cuidado. A pessoa madura na fé é aquela que atinge a estatura, o tamanho de Cristo. Para isso nós fomos batizados, para sermos outros "Cristos", a fim de que o mundo creia. Maduros como Cristo, nós não buscamos o nosso bem, mas o bem do outro. Nessa dinâmica encontramos a razão da nossa felicidade. É buscando fazer o outro feliz que o cristão maduro se torna feliz. Nesse sentido, servir e amar são duas coisas que nos amadurecem como pessoas e filhos de Deus. Jesus viveu nesse horizonte, por isso ele foi pessoa humana no sentido pleno: "verdadeiramente homem, verdadeiramente parcela da humanidade". Maria Goretti amou servindo e serviu amando, por isso ela atingiu a maturidade de quem alcançou a estatura de Cristo ainda na infância. Que ela interceda para que estejamos abertos a amadurecer na fé e na vida. Não queremos que as crianças, adolescentes e jovens de hoje tenham as mesmas responsabilidades pesadas que Maria assumiu em seu tempo, mas desejamos que eles sejam formados para amar, servindo.

Preces litânicas

Leitor(a): Para que promovamos a vida em todas as suas dimensões.
Todos: Intercede por nós, Maria Goretti!

Leitor(a): Para que saibamos construir a nossa vida no amor e no serviço, a fim de chegarmos a um verdadeiro amadurecimento.
Todos: Intercede por nós, Maria Goretti!

Leitor(a): Para que nos esforcemos em alcançar a estatura de Cristo.
Todos: Intercede por nós, Maria Goretti!

Leitor(a): Para que não fujamos de nossas responsabilidades em vista do bem comum.
Todos: Intercede por nós, Maria Goretti!

Leitor(a): Para que não continuemos como "crianças agitadas ao sabor das ondas, ao sopro de qualquer doutrina".
Todos: Intercede por nós, Maria Goretti!

Ave-Maria, Glória.

Oração final

(Escrita pelo Papa João Paulo II)

Criança de Deus,
tu que conheceste muito cedo
a dureza e a fadiga,
a dor e as breves alegrias da vida;

tu que foste pobre e órfã,
que amaste o próximo sem cansar-te,
fazendo-te serva humilde e atenciosa;
tu que foste boa sem vangloriar-te,
que amaste o Amor
acima de todas as coisas;

tu que verteste o teu sangue
para não trair o Senhor,
que perdoaste o teu assassino,
desejando para ele o paraíso;

intercede e roga por nós
junto ao Pai a fim de que digamos *sim*
ao desígnio de Deus sobre nós.

Tu que és amiga de Deus
e o vês face a face,
obtende dele a graça que te pedimos...

Nós te agradecemos, Marieta,
o amor para com Deus e os irmãos
que já semeaste no nosso coração.
Amém!

Presidente: Santa Maria Goretti, virgem e mártir!
Todos: Roga por nós!

QUINTO DIA

Unida ao mistério de Cristo pela Eucaristia

Invocação inicial

(*Enquanto o hino é cantado, acender as velas.*)
Salve, ó gloriosa mártir!

Salve, ó gloriosa mártir,
do céu virgínea flor,
que em sangue consagraste
a vida ao teu Senhor.

Salve, Maria Goretti,
anjo de puro amor,
intemerata, invicta
ante o tormento e a dor.
Por nós, gentil patrona,
implora ao Salvador.

Força buscaste indômita
na santa Eucaristia
e a formosura mística
no afeto a Maria.

Vem proteger a infância
e a ardente mocidade
nas almas desvelando
à flor da castidade.

Presidente: (*com a vela, traçar uma cruz diante da boca*) Purificai os meus lábios, ó Senhor!
Todos: Para que eu celebre a vossa bondade e reconheça a vossa santidade.

Presidente: (*com a vela, traçar uma cruz diante do coração*) Abri meu coração, ó Senhor!
Todos: Para que eu compreenda que onde está o meu tesouro, ali está também o meu coração.

Presidente: (*com a vela, traçar uma cruz nas mãos*) Abençoai as minhas mãos, ó Senhor!
Todos: Para que sejam construtoras da paz e não colaborem com a violência deste mundo!

Presidente: (*erguendo as velas*) Ó Deus, vinde em nosso auxílio!
Todos: Senhor, vinde depressa e socorrei-nos! Dai-nos a pureza de coração e a coragem para testemunhar a nossa fé! Que estejamos amarrados à vossa Paixão, para que não seja maculado o nosso batismo e tenhamos em nosso ser o sangue da vossa Divina Misericórdia!

Palavra de Deus

Animador(a): *Leitura de Jo 6,53-57:* "Então Jesus lhes disse: 'Em verdade, em verdade vos digo: se não comerdes a carne do Filho do Homem, e não beberdes o seu sangue, não tereis a vida em vós mesmos. Quem come a minha carne e bebe o meu sangue tem a vida eterna; e eu o ressuscitarei no último dia. Pois a minha carne é verdadeiramente uma comida e o meu sangue, verdadeiramente uma bebida. Quem come a minha carne e bebe o meu sangue permanece em mim e eu nele. Assim como o Pai que me enviou vive, e eu vivo pelo Pai, assim também aquele que comer a minha carne viverá por mim' [...]".

Atualizando a Palavra

Presidente: Maria Goretti desejou ardentemente receber a Eucaristia quando tinha dez anos. Não foi fácil, pois ela não sabia ler, e sua mãe, já viúva, não tinha dinheiro para comprar o vestido e outros objetos necessários para a festa. Contudo, Maria foi insistente, disse para a mãe que não conseguia mais ir à Igreja sem poder comungar, ela queria viver por Jesus, com

Jesus, em Jesus e para Jesus. Então, com a ajuda de um senhor da comunidade, ela recebeu uma preparação especial. Durante o período de catequese, demonstrou-se interessada, atenciosa e muito devota de Jesus na Eucaristia, de sorte que o catequista e o padre reconheceram, diante da mãe, o seu grande empenho. O que Maria não previa é que o Mistério da Eucaristia fosse se tornar tão pleno em sua vida. De fato, a Eucaristia recebida, pouco tempo antes de seu martírio, foi a sua força para dizer não ao mal e permanecer em comunhão com Deus, preservando e vendo crescer a graça santificante do batismo. A fidelidade de Marieta, ao imolar seu corpo, compartilha da fidelidade de Jesus ao doar-se na cruz. O sangue que correu depois dos golpes de Alessandro já era um sangue abençoado pelo Sangue redentor. O ideal da Eucaristia, de sermos um com Cristo, foi realizado nesta criança de Deus que soube amar até o fim, como nosso Senhor nos ensinou. A Eucaristia é o alimento dos santos, é o dom supremo que nos põe em comunhão com Deus e os irmãos, que nos faz viver o martírio cotidiano em favor do Reino. A Eucaristia une o nosso destino ao destino de Cristo. Ao recebermos o Pão da Vida, permanecemos nele, e ele em nós.

Preces litânicas

Leitor(a): Para que reconheçamos o valor da Eucaristia e não deixemos de participar das Santas Missas.
Todos: Intercede por nós, Maria Goretti!

Leitor(a): Para que a Eucaristia nos liberte de uma vida egoísta e individualista.
Todos: Intercede por nós, Maria Goretti!

Leitor(a): Para que deixemos Jesus atuar em nós pela Eucaristia, a fim de promovermos a comunhão e a unidade da Igreja.

Todos: Intercede por nós, Maria Goretti!

Leitor(a): Para que a Eucaristia nos leve a sermos um com Cristo.
Todos: Intercede por nós, Maria Goretti!

Leitor(a): Para que não nos esqueçamos de que somos sacrários vivos da Eucaristia.
Todos: Intercede por nós, Maria Goretti!

Ave-Maria, Glória.

Oração final

(Escrita pelo Papa João Paulo II)

Criança de Deus,
tu que conheceste muito cedo
a dureza e a fadiga,
a dor e as breves alegrias da vida;

tu que foste pobre e órfã,
que amaste o próximo sem cansar-te,
fazendo-te serva humilde e atenciosa;
tu que foste boa sem vangloriar-te,

que amaste o Amor
acima de todas as coisas;

tu que verteste o teu sangue
para não trair o Senhor,
que perdoaste o teu assassino,
desejando para ele o paraíso;

intercede e roga por nós
junto ao Pai a fim de que digamos *sim*
ao desígnio de Deus sobre nós.

Tu que és amiga de Deus
e o vês face a face,
obtende dele a graça que te pedimos...

Nós te agradecemos, Marieta,
o amor para com Deus e os irmãos
que já semeaste no nosso coração.
Amém!

Presidente: Santa Maria Goretti, virgem e mártir!
Todos: Roga por nós!

SEXTO DIA

Dois modos de viver a adolescência e a juventude

Invocação inicial

(*Enquanto o hino é cantado, acender as velas.*)
Salve, ó gloriosa mártir!

Salve, ó gloriosa mártir,
do céu virgínea flor,
que em sangue consagraste
a vida ao teu Senhor.

*Salve, Maria Goretti,
anjo de puro amor,
intemerata, invicta
ante o tormento e a dor.
Por nós, gentil patrona,
implora ao Salvador.*

Força buscaste indômita
na santa Eucaristia
e a formosura mística
no afeto a Maria.

Vem proteger a infância
e a ardente mocidade
nas almas desvelando
à flor da castidade.

Presidente: (*com a vela, traçar uma cruz diante da boca*) Purificai os meus lábios, ó Senhor!
Todos: Para que eu celebre a vossa bondade e reconheça a vossa santidade.

Presidente: (*com a vela, traçar uma cruz diante do coração*) Abri meu coração, ó Senhor!
Todos: Para que eu compreenda que onde está o meu tesouro, ali está também o meu coração.

Presidente: *(com a vela, traçar uma cruz nas mãos)* Abençoai as minhas mãos, ó Senhor!
Todos: Para que sejam construtoras da paz e não colaborem com a violência deste mundo!

Presidente: *(erguendo as velas)* Ó Deus, vinde em nosso auxílio!
Todos: Senhor, vinde depressa e socorrei-nos! Dai-nos a pureza de coração e a coragem para testemunhar a nossa fé! Que estejamos amarrados à vossa Paixão, para que não seja maculado o nosso batismo e tenhamos em nosso ser o sangue da vossa Divina Misericórdia!

Palavra de Deus

Animador(a): *Leitura de Lc 18,15-17:* "Trouxeram-lhe também criancinhas, para que ele as tocasse. Vendo isso, os discípulos as repreendiam. Jesus, porém, chamou-os e disse: 'Deixai vir a mim as criancinhas e não as impeçais, porque o Reino de Deus é daqueles que se parecem com elas. Em verdade vos declaro: quem não receber o Reino de Deus como uma criancinha nele não entrará'".

Atualizando a Palavra

Presidente: Deus ama as nossas crianças, os adolescentes e os jovens. Jesus revelou isso de um modo todo especial. Duas passagens mostram isso de uma forma convincente, quando pede para deixar as crianças irem até ele e quando o Evangelista afirma que ele olhou para um jovem e *o amou* (Mc 10,21). Todavia, o amor de Deus chega ao outro através de nós. Deus ama as crianças, os adolescentes e os jovens, mas é preciso que nós também os amemos. O mistério da nossa vida é que a fé, Deus, chega ao coração do outro, em grande parte, por meio de nossa atuação.

Maria foi uma menina que recebeu uma educação exemplar. Alessandro foi um jovem que viveu a orfandade e foi criado por um pai alcoólatra e desequilibrado. Isso revela como a formação familiar e o meio em que vivemos influenciam no nosso modo de viver e de compreender. Duas crianças trilharam caminhos bem diversos porque foram formadas com modos bem diferentes.

No dia 6 de julho de 2003, concluindo as comemorações do centenário da morte de Maria Goretti, o Papa João Paulo II perguntava, no seu pronunciamento do *Angelus*: "O que essa jovem frágil, mas cristã madura, diz aos jovens de hoje com a sua vida e, sobretudo, com a sua morte?". E continuou: "Marieta – como era familiarmente chamada – recorda à juventude do Terceiro Milênio que a verdadeira felicidade exige coragem e espírito de sacrifício, renúncia a tudo o que é mal e disposição para pagar, se for preciso, até com a morte, para sermos fiéis a Deus e aos seu mandamentos".

Quão atual é essa mensagem! Hoje se exalta facilmente o prazer, o egoísmo, a imoralidade, em nome de falsos ideais de liberdade e de felicidade. É preciso conclamar para que a pureza do coração e do corpo seja defendida, porque a castidade preserva o amor autêntico.

Que Santa Maria Goretti ajude todos os jovens a experimentar a beleza e a alegria da bem-aventurança evangélica: "Benditos os puros de coração, porque verão a Deus" (Mt 5,8).

Preces litânicas

Leitor(a): Para que saibamos amar nossas crianças, os adolescentes e os jovens como o Senhor nos ensinou.
Todos: Intercede por nós, Maria Goretti!

Leitor(a): Para que aprendamos a formar nossas crianças nos valores que conduzem à vida.
Todos: Intercede por nós, Maria Goretti!

Leitor(a): Para que nos conscientizemos de que Deus chega ao coração do outro através do nosso testemunho.
Todos: Intercede por nós, Maria Goretti!

Leitor(a): Para que ajudemos a transformar o mundo em que vivemos, pois o mesmo não determina, mas contribui muito para a corrupção e o desequilíbrio das pessoas.
Todos: Intercede por nós, Maria Goretti!

Leitor(a): Para que levemos nossas crianças, os adolescentes e os jovens a Jesus, que é o caminho, a verdade e a vida.
Todos: Intercede por nós, Maria Goretti!

Ave-Maria, Glória.

Oração final

(Escrita pelo Papa João Paulo II)

Criança de Deus,
tu que conheceste muito cedo
a dureza e a fadiga,
a dor e as breves alegrias da vida;

tu que foste pobre e órfã,
que amaste o próximo sem cansar-te,
fazendo-te serva humilde e atenciosa;
tu que foste boa sem vangloriar-te,
que amaste o Amor
acima de todas as coisas;

tu que verteste o teu sangue
para não trair o Senhor,
que perdoaste o teu assassino,
desejando para ele o paraíso;

intercede e roga por nós
junto ao Pai a fim de que digamos *sim*
ao desígnio de Deus sobre nós.

Tu que és amiga de Deus
e o vês face a face,
obtende dele a graça que te pedimos...

Nós te agradecemos, Marieta,
o amor para com Deus e os irmãos
que já semeaste no nosso coração.
Amém!

Presidente: Santa Maria Goretti, virgem e mártir!
Todos: Roga por nós!

SÉTIMO DIA

O martírio: jorra o sangue da pureza e da verdade

Invocação inicial

(*Enquanto o hino é cantado, acender as velas.*)
Salve, ó gloriosa mártir!

Salve, ó gloriosa mártir,
do céu virgínea flor,
que em sangue consagraste
a vida ao teu Senhor.

Salve, Maria Goretti,
anjo de puro amor,
intemerata, invicta
ante o tormento e a dor.
Por nós, gentil patrona,
implora ao Salvador.

Força buscaste indômita
na santa Eucaristia
e a formosura mística
no afeto a Maria.

Vem proteger a infância
e a ardente mocidade
nas almas desvelando
à flor da castidade.

Presidente: (*com a vela, traçar uma cruz diante da boca*) Purificai os meus lábios, ó Senhor!
Todos: Para que eu celebre a vossa bondade e reconheça a vossa santidade.

Presidente: (*com a vela, traçar uma cruz diante do coração*) Abri meu coração, ó Senhor!
Todos: Para que eu compreenda que onde está o meu tesouro, ali está também o meu coração.

Presidente: (*com a vela, traçar uma cruz nas mãos*) Abençoai as minhas mãos, ó Senhor!
Todos: Para que sejam construtoras da paz e não colaborem com a violência deste mundo!

Presidente: (*erguendo as velas*) Ó Deus, vinde em nosso auxílio!
Todos: Senhor, vinde depressa e socorrei-nos! Dai-nos a pureza de coração e a coragem para testemunhar a nossa fé! Que estejamos amarrados à vossa Paixão, para que não seja maculado o nosso batismo e tenhamos em nosso ser o sangue da vossa Divina Misericórdia!

Palavra de Deus

Animador(a): *Leitura de Lc 12,4-9*: "Digo-vos a vós, meus amigos: não tenhais medo daqueles que matam o corpo e depois disso nada mais podem fazer. Mostrar-vos-ei a quem deveis temer: temei aquele que, depois de matar, tem poder de lançar no inferno; sim, eu vo-lo digo: temei a este. Não se vendem cinco pardais por dois centavos? Entretanto, nem um só deles passa despercebido diante de Deus. Até os cabelos da vossa cabeça estão todos contados. Não temais, pois mais valor tendes vós do que numerosos pardais. Digo-vos: todo o que me reconhecer diante dos homens, também o Filho do Homem o reconhecerá diante dos anjos de Deus; mas quem me negar diante dos homens será negado diante dos anjos de Deus".

Atualizando a Palavra

Presidente: A certeza de que a nossa vida está guardada nas mãos de Deus é que nos leva aos atos mais heroicos. Maria Goretti preferiu morrer a pecar. Uma convicção assim só cresce no coração de quem sabe que até os fios de cabelo de nossa cabeça estão contados por Deus. Quem busca o reconhecimento dos homens, aplausos, elogios, o interesse próprio e nada mais, acaba falseando a verdade para atender as suas vontades e não as de Deus. Quem ama a sua vida vai perdê-la. Mas quem se entrega, doa-se pelo Reino, este se salva. Quem coloca neste mundo a sua esperança e não se sabe cidadão do céu não consegue ser profeta, tem medo de tudo e de todos, perde-se tentando preservar-se. Quem procura agradar os homens vai desagradar Deus. Façamos como Maria Goretti, que não quis agradar Alessandro e buscou só o reconhecimento de Deus. Amemos até o fim aquele que nos amou primeiro, morrendo por nós numa cruz. Por ele, que se entregou por nós, vivamos e morramos. O batismo de sangue, o martírio de Marieta, nos ensina que "não existe amor sem entrega, não existe autêntico amor sem a dor". Todos somos chamados a um martírio cotidiano, imolando nossas vidas com amor.

Preces litânicas

Leitor(a): Para que o sacrifício em favor de um mundo novo nos leve a experimentar o martírio cotidianamente.
Todos: Intercede por nós, Maria Goretti!

Leitor(a): Para que não tenhamos medo de dar testemunho da nossa fé.
Todos: Intercede por nós, Maria Goretti!

Leitor(a): Para que temamos aqueles que podem nos levar à perdição e não os que podem matar o nosso corpo.
Todos: Intercede por nós, Maria Goretti!

Leitor(a): Para que amemos a Deus até o fim, pois não existe amor pela metade.
Todos: Intercede por nós, Maria Goretti!

Ave-Maria, Glória.

Oração final

(Escrita pelo Papa João Paulo II)

Criança de Deus,
tu que conheceste muito cedo
a dureza e a fadiga,
a dor e as breves alegrias da vida;

tu que foste pobre e órfã,
que amaste o próximo sem cansar-te,
fazendo-te serva humilde e atenciosa;
tu que foste boa sem vangloriar-te,
que amaste o Amor
acima de todas as coisas;

tu que verteste o teu sangue
para não trair o Senhor,
que perdoaste o teu assassino,
desejando para ele o paraíso;

intercede e roga por nós
junto ao Pai a fim de que digamos *sim*
ao desígnio de Deus sobre nós.

Tu que és amiga de Deus
e o vês face a face,
obtende dele a graça que te pedimos...

Nós te agradecemos, Marieta,
o amor para com Deus e os irmãos
que já semeaste no nosso coração.
Amém!

Presidente: Santa Maria Goretti, virgem e mártir!
Todos: Roga por nós!

OITAVO DIA

Não existe santidade sem o perdão

Invocação inicial

(*Enquanto o hino é cantado, acender as velas.*)
Salve, ó gloriosa mártir!

Salve, ó gloriosa mártir,
do céu virgínea flor,
que em sangue consagraste
a vida ao teu Senhor.

Salve, Maria Goretti,
anjo de puro amor,
intemerata, invicta
ante o tormento e a dor.
Por nós, gentil patrona,
implora ao Salvador.

Força buscaste indômita
na santa Eucaristia
e a formosura mística
no afeto a Maria.

Vem proteger a infância
e a ardente mocidade
nas almas desvelando
à flor da castidade.

Presidente: (*com a vela, traçar uma cruz diante da boca*) Purificai os meus lábios, ó Senhor!
Todos: Para que eu celebre a vossa bondade e reconheça a vossa santidade.

Presidente: (*com a vela, traçar uma cruz diante do coração*) Abri meu coração, ó Senhor!
Todos: Para que eu compreenda que onde está o meu tesouro, ali está também o meu coração.

Presidente: (*com a vela, traçar uma cruz nas mãos*) Abençoai as minhas mãos, ó Senhor!
Todos: Para que sejam construtoras da paz e não colaborem com a violência deste mundo!

Presidente: (*erguendo as velas*) Ó Deus, vinde em nosso auxílio!
Todos: Senhor, vinde depressa e socorrei-nos! Dai-nos a pureza de coração e a coragem para testemunhar a nossa fé! Que estejamos amarrados à vossa Paixão, para que não seja maculado o nosso batismo e tenhamos em nosso ser o sangue da vossa Divina Misericórdia!

Palavra de Deus

Animador(a): *Leitura de Lc 23,33-34:* "Chegando ao lugar chamado Calvário, ali o crucificaram, como também aos ladrões, um à direita e outro à esquerda. E Jesus dizia: 'Pai, perdoa-lhes, porque não sabem o que fazem'".

Atualizando a Palavra

Presidente: Jesus colocou como condição para sermos perdoados dar o perdão. É isso o que está claramente esboçado na oração do Pai-Nosso. A Igreja que nasce unida ao Mistério da Paixão-Ressurreição de Nosso Senhor é a Igreja da misericórdia. Perdoar é ter piedade do outro e de si mesmo de todo o coração; é libertar-se do "nós" que pode prender a nossa vida a um fato ou a alguém que nos fez mal; é deixar Deus agir em nós. Quem perdoa compreende que o outro é maior que o seu pecado, aprende que a grandeza de um ser humano consiste em ser maior, ser mais, superando qualquer obstáculo que se intepõe entre nós e Deus, nós e os outros. Quem faz o mal não sabe o que faz, foi isso que Jesus nos ensinou na cruz. Por isso, diante da ofensa recebida, só nos cabe a atitude do perdão. Maria Goretti não só perdoou, mas desejou que o seu algoz estivesse com ela no paraíso. Um coração santo sabe receber e dar o perdão. Se amarmos só quem nos ama, que diferença faremos neste mundo? Disse Jesus: até quem não acredita em Deus faz isso! O diferencial cristão é amar quem não nos ama, ou quem, por um momento, nos ofendeu.

Preces litânicas

Leitor(a): Para que sejamos capazes de superar as ofensas recebidas com o perdão e a misericórdia.
Todos: Intercede por nós, Maria Goretti!

Leitor(a): Para que procuremos, de todas as formas, a salvação de quem nos ofendeu.
Todos: Intercede por nós, Maria Goretti!

Leitor(a): Para que não paguemos o mal com o mal, ao contrário, saibamos fazer o bem a quem nos ofende.
Todos: Intercede por nós, Maria Goretti!

Leitor(a): Para que busquemos sempre o sacramento da Reconciliação.
Todos: Intercede por nós, Maria Goretti!

Leitor(a): Para que promovamos uma sociedade solidária, onde os valores da compaixão, o cuidado, o respeito para com o diferente e a compreensão nos ajudem a viver o perdão.
Todos: Intercede por nós, Maria Goretti!

Ave-Maria, Glória.

Oração final

(Escrita pelo Papa João Paulo II)

Criança de Deus,
tu que conheceste muito cedo
a dureza e a fadiga,
a dor e as breves alegrias da vida;

tu que foste pobre e órfã,
que amaste o próximo sem cansar-te,
fazendo-te serva humilde e atenciosa;
tu que foste boa sem vangloriar-te,
que amaste o Amor
acima de todas as coisas;

tu que verteste o teu sangue
para não trair o Senhor,
que perdoaste o teu assassino,
desejando para ele o paraíso;

intercede e roga por nós
junto ao Pai a fim de que digamos *sim*
ao desígnio de Deus sobre nós.

Tu que és amiga de Deus
e o vês face a face,
obtende dele a graça que te pedimos...

Nós te agradecemos, Marieta,
o amor para com Deus e os irmãos
que já semeaste no nosso coração.
Amém!

Presidente: Santa Maria Goretti, virgem e mártir!
Todos: Roga por nós!

NONO DIA

A comunhão dos santos

Invocação inicial

(*Enquanto o hino é cantado, acender as velas.*)
Salve, ó gloriosa mártir!

Salve, ó gloriosa mártir,
do céu virgínea flor,
que em sangue consagraste
a vida ao teu Senhor.

Salve, Maria Goretti,
anjo de puro amor,
intemerata, invicta
ante o tormento e a dor.
Por nós, gentil patrona,
implora ao Salvador.

Força buscaste indômita
na santa Eucaristia
e a formosura mística
no afeto a Maria.

Vem proteger a infância
e a ardente mocidade
nas almas desvelando
à flor da castidade.

Presidente: (*com a vela, traçar uma cruz diante da boca*) Purificai os meus lábios, ó Senhor!
Todos: Para que eu celebre a vossa bondade e reconheça a vossa santidade.

Presidente: (*com a vela, traçar uma cruz diante do coração*) Abri meu coração, ó Senhor!
Todos: Para que eu compreenda que onde está o meu tesouro, ali está também o meu coração.

Presidente: (*com a vela, traçar uma cruz nas mãos*) Abençoai as minhas mãos, ó Senhor!
Todos: Para que sejam construtoras da paz e não colaborem com a violência deste mundo!

Presidente: (*erguendo as velas*) Ó Deus, vinde em nosso auxílio!
Todos: Senhor, vinde depressa e socorrei-nos! Dai-nos a pureza de coração e a coragem para testemunhar a nossa fé! Que estejamos amarrados à vossa Paixão, para que não seja maculado o nosso batismo e tenhamos em nosso ser o sangue da vossa Divina Misericórdia!

Palavra de Deus

Animador(a): *Leitura de 1Pd 1,2-5.13-16:* "[...] eleitos segundo a presciência de Deus Pai, e santificados pelo Espírito, para obedecer a Jesus Cristo e receber a sua parte da aspersão do seu sangue. A graça e a paz vos sejam dadas em abundância. Bendito seja Deus, o Pai de nosso Senhor Jesus Cristo! Na sua grande misericórdia ele nos fez renascer, pela ressurreição de Jesus Cristo dentre os mortos, para uma viva esperança, para uma herança incorruptível, incontaminável e que não murcha, reservada para vós nos céus. É isto o que constitui a vossa alegria, apesar das aflições passageiras a vos serem causadas ainda por diversas provações. Cingi, portanto, os rins do vosso espírito, sede sóbrios e colocai toda a vossa esperança na graça que vos será dada no dia em que Jesus Cristo aparecer. À maneira de filhos obedientes, já não vos amoldeis aos desejos que tínheis antes, no tempo da vossa ignorância. A exemplo da santidade daquele que vos chamou, sede também vós santos em todas as vossas ações, pois está escrito: 'Sede santos, porque eu sou santo' (Lv 11,44)".

Atualizando a Palavra

Presidente: A comunhão dos santos é a união que se estabelece entre todos os fiéis cristãos batizados. O Espírito Santo é o "fio de ouro", o elo de ligação que une a Igreja em comunhão em uma mesma fé e um mesmo amor. Embora muitos, formamos um só corpo. Existe uma só Igreja, mas que subsiste em três modos: na terra – a Igreja Peregrina, que caminha para o céu; no purgatório – a Igreja Padescente, que vai para o céu; no céu – a Igreja Triunfante, que já goza das alegrias eternas. Uma só Igreja que vive em três modos e manifesta a nossa vocação à santidade.

A Igreja foi vocacionada à santidade, ou seja, a sentir-se separada, não se misturando com a concupiscência do mundo. Encerramos esta novena com a seguinte convicção: o Senhor que nos chamou a participar da comunhão dos santos nos concede em cada sacramento uma graça especial a fim de que sejamos fortalecidos e cresça em nós a certeza de que somos "sal da terra e luz do mundo".

Como Povo da Aliança, vivamos a nossa santidade como Maria Goretti viveu, ela que se sabia unida a Cristo e escolhida para dar testemunho da luz. Que a nossa comunhão eclesial faça ecoar "sobre os telhados do mundo" a Boa-Nova do Evangelho da Vida, fonte de comunhão e santidade.

Preces litânicas

Leitor(a): Para que acolhamos, com alegria, a nossa vocação à santidade.
Todos: Intercede por nós, Maria Goretti!

Leitor(a): Para que participemos sempre dos sacramentos, especialmente os da Eucarista e da Reconciliação, que nos enchem da graça de Deus.
Todos: Intercede por nós, Maria Goretti!

Leitor(a): Para que vivamos a solidariedade na perspectiva da comunhão dos santos.
Todos: Intercede por nós, Maria Goretti!

Leitor(a): Para que nos olhemos com amor, sentindo que é o Espírito Santo que nos irmana desde o nosso batismo.
Todos: Intercede por nós, Maria Goretti!

Leitor(a): Para que nos comprometamos com a comunhão dos santos, rezando e intercedendo uns pelos outros, compartilhando o destino dos irmãos que formam comunhão conosco.
Todos: Intercede por nós, Maria Goretti!

Ave-Maria, Glória.

Oração final

(Escrita pelo Papa João Paulo II)

Criança de Deus,
tu que conheceste muito cedo
a dureza e a fadiga,
a dor e as breves alegrias da vida;

tu que foste pobre e órfã,
que amaste o próximo sem cansar-te,
fazendo-te serva humilde e atenciosa;
tu que foste boa sem vangloriar-te,
que amaste o Amor
acima de todas as coisas;

tu que verteste o teu sangue
para não trair o Senhor,
que perdoaste o teu assassino,
desejando para ele o paraíso;

intercede e roga por nós
junto ao Pai a fim de que digamos *sim*
ao desígnio de Deus sobre nós.

Tu que és amiga de Deus
e o vês face a face,
obtende dele a graça que te pedimos...

Nós te agradecemos, Marieta,
o amor para com Deus e os irmãos
que já semeaste no nosso coração.
Amém!

Presidente: Santa Maria Goretti, virgem e mártir!
Todos: Roga por nós!

Cronologia

1890 – 16 de outubro – Maria Goretti nasce em Corinaldo, filha de Luigi Goretti e Assunta Carlini.

1890 – 17 de outubro – Batizada na Igreja de São Francisco, em Corinaldo. A ela foi dado neste dia o nome de Maria Teresa.

1896 – 4 de outubro – Recebe a Crisma pelas mãos do bispo de Senigallia, Giulio Boschi.

1896 – 12 de dezembro – A família Goretti deixa Corinaldo e emigra para Colle Gianturco, próximo a Paliano (FR).

1899 – fevereiro – A família se transfere para Le Ferriere di Conca, localidade pertencente a Nettuno.

1900 – 6 de maio – Luigi Goretti morre após contrair malária.

- **1901** – 16 de junho – Maria recebe a Primeira Eucaristia na Igreja de Conca, hoje Borgo Montello.
- **1902** – 5 de julho – Às 15h30, ferida mortalmente por Alessandro Serenelli.
- **1902** – 6 de julho – Morre em Nettuno com 11 anos, 8 meses e 21 dias, depois de ter perdoado o seu agressor.
- **1902** – 8 de julho – Sepultada no cemitério de Nettuno.
- **1935** – 31 de maio – Início do processo eclesiástico de Albano tendo em vista a canonização de Maria Goretti.
- **1945** – 25 de março – Pio XII reconhece a autenticidade do martírio de Maria Goretti.
- **1947** – 27 de abril – Beatificação.
- **1950** – 24 de junho – Declarada "Santa", na Praça São Pedro, pelo Papa Pio XII.